Lejos del Sur

Patricio Villarroel Robles

Título original es español: Lejos del Sur.
© Patricio Villarroel Robles
Correctores de estilo: Leydy Hernández Bitor y Stefhan Llanes García.
Diseño de portada: Jorge González Reymond.
Fotografía de portada: Patricio Villarroel Robles.

 Editado por: Letranovel.com.
Stockholm 2012.

www.letranovel.com
Tryck hos Författares Bokmaskin
ISBN- 978-91-978555-9-4
Impreso en Suecia.

A mi padre, Eliecer Villarroel Medina,
generoso artesano de sueños,
que se durmió en las sombras de aire, al otro lado del mar,
esperando leer este libro.

" La distancia entre donde vives y donde has dejado tus raíces,
no se mide en océanos, sino en ausencias. El amor no tiene
fármacos, porque la vida nos escribe páginas distintas, aparece
como una sombra celeste y se va, casi siempre, con miedo en los
ojos, con una eterna nostalgia. Al final, sólo quedan los hijos, los
recuerdos y la espera incierta de que nazca un nuevo amor,
aunque sea tarde".

Patricio Villarroel Robles

PRÓLOGO

Desde tiempos inmemoriales la humanidad ha manifestado la belleza que le rodeaba y sus sentimientos por medio de la poesía. Existen registros prístinos que datan de muchísimos siglos antes de Cristo, en que los hombres ya expresaban en versos lo que deseaban legar a las generaciones venideras. Y así ha llegado hasta nosotros un increíble acervo que nunca nos deja de sorprender y deleitar mientras crece incesantemente en su afán de satisfacer los gustos literarios más exquisitos.

Lejos del Sur es una gota más en ese mar de símiles y metáforas que adornan estanterías y corazones en un mundo lleno de pavor. Más que un esfuerzo por punir el pasado, es un canto a la esperanza en el que Patricio Villarroel Robles, nos imbuye en su rica vida con ese don casi mágico con el que dibuja en los versos, que le hace sobresalir ante los demás y que le convierte sin duda en uno de mis poetas favoritos. Ha pasado más de veinticinco años lejos de su tierra, al sur del mundo y el poeta hace un alto en el camino para pasar revista a su vida y decide, por fin, compartirla con la humanidad en forma de libro.

"Un viaje de mil millas empieza con un paso" fue la observación de Lao-Tsé, uno de los filósofos más relevantes de la civilización china, y qué razón tenía. Ese primer paso, casi siempre obligado donde el hombre se aleja de su tierra para entregarse a lo desconocido, puede un día llegar a resultar agridulce. Así lo expresa Patricio Villarroel Robles de forma magistral en este libro, en el que a la vez nos deleita con una colección de hermosas instantáneas que conjugan los versos con recuerdos importantes de su vida.

El poeta piensa que en los países fríos del exilio, sólo quedan los recuerdos para abrigarse y que el amor es más difícil "cuando se nos empieza a terminar el tiempo, pisando una tierra ajena".

Lejos del Sur es un libro hermoso, con una sensibilidad extraordinaria y con un mensaje subyacente inequívoco: "Cuando la vida te presente razones para llorar, demuéstrale que tienes mil y una razones para reír porque la vida es la constante sorpresa de saber que existimos".

Jorge González Reymond
(Escritor cubano)

ÍNDICE

Lejos del Sur

¿A DÓNDE VAN LOS SUEÑOS?

¿A dónde van los sueños,
a veces con tanta prisa?
¿Dónde quedaron los nuestros?
¿Habrán perecido en el mar,
en violentas tempestades?
¿O andarán por ahí buscando el sur?
¿Dónde viven callados?
¿Dónde agonizan?
¿Dónde estarán mis pobres sueños?
¿Acaso no existieron nunca o
son esas abejas que comen miel de tus ojos?

A LA LUZ DE UNA VELA

Como la luz de una vela
se nos va apagando el amor.
Y los sueños que inventamos juntos,
la mitad de la vida, agonizan.
Emigraron los deseos,
nos cegó la rutina
y se escaparon de su jaula
las codornices azules
que habíamos anidado en el corazón.
No sé ahora, qué nombre darle a la noche
si es más larga y oscura.
Ya no sé si tus ojos mienten,
porque no me miran
y tus besos fingidos parecen muecas.
No sabemos cómo llamar a las estrellas,
si parecen demonios y no nos hablan.
Las dudas del amor nos roban la razón
y como espadas, nos perforan el alma.
Inventamos sombras por los rincones,
llegan secretos con otros nombres,
mientras nuestro barco zozobra
asediado por tiburones
y entonces no sé como llamar a este amor.

UNA NUBE VIENE DE LEJOS

Una nube viene de lejos con olor a pinos
para mirarse en el río.
Hoy no quiere llorar de lluvias
y se ha sentado en el cerro donde viene una virgen
a escuchar la música de los pájaros
y el lamento de las cabras blancas
que presienten el frío.
En medio del agua, los viejos botes
parecen baúles de madera;
esos que guardan el eco del viento,
todas las pisadas
y los recuerdos varados,
que van penando por la orilla.
El olor a pinos y a flores que aletea en el bosque
dibuja todos los rostros que amé,
mi padre, los amigos, los desaparecidos,
los que se ahogaron allí,
mordidos por serpientes un mes de septiembre,
hace demasiado tiempo.
El corazón, que ha regresado
y que viene de lejos,
pierde el miedo y se echa a volar
por la corriente del río hacia el mar.

VAS A DESPERTAR LLORANDO

Te despertarás llorando por sus besos,
con el dolor de la ausencia entre las manos.
Una tristeza de otoño,
con hojas amarillas por el suelo
te va a secuestrar el alma.
Nubes negras, acosadas por el viento y las olas,
que le llevaron a otros brazos,
es lo único que verás por la ventana
desde la orilla de la playa,
cuando nazcan las luces violetas de la tarde.
Le recordarás con intenso delirio,
llorando en silencio,
pidiendo un milagro a los muros del mar,
porque la vida te quitó lo que más amabas.
Se ha ido lejos, sin apagar las cenizas,
prisionero de otros ojos,
robándote el sol del corazón
con quien creíste haber tropezado
cuando tu cuerpo ardió como una hoguera
y le amaste con locura,
cuando te vistió de luces por todas las esquinas.
Pero no sabías que el amor, indolente,
había escrito un epitafio
para tu propia agonía.
Ahora le buscas desesperadamente,
en todas las sombras del horizonte.
Tu corazón gime,
tiemblan tus labios cuando le nombras,
duele el corazón esperándole
cuando las horas no pasan
y te despiertas otra vez llorando.

BARQUITOS DE PAPEL

Ya no eres la misma,
se apagó el candil de tus ojos
y los días se volvieron vacíos como ritos.
El verano llegó sin nosotros
y los arpegios del sol
ya no entran por la ventana.
Hablamos sin hablarnos,
reímos sin reírnos,
y te siento lejos,
como los recuerdos tristes
que se fueron cayendo de los techos.
Una piedra de granito, que fue un zafiro,
se ha quedado en tus retinas.
Y mi corazón, que quiso despertar contigo,
se ha vuelto a dormir.
Las manos que te amaban
se esconden en la cama,
como sombras en el aire
y ya no hay nada para soñar.
Pero inventamos excusas, como naranjos de luz,
recuerdos azucarados y flores amarillas.
Y nos volvemos a amar, desencontrados,
como una triste despedida.
Somos, dos barquitos de papel
que se hunden en el agua.

PADRE

Siempre te vi parecido al sol,
porque tu rostro amanecía siempre conmigo
en las mañanas más frías y hostiles.
Por la ventana que dejaste abierta,
en los rincones limpios del alma,
todavía te siento
como una llamarada entre las sombras,
atareado en las cosas más urgentes,
observando los tropiezos de nosotros,
espantando los sueños tristes
y alertando de los caminos peligrosos.
Padre, hábil fabricante de noticias,
desde que tu voz dejó de hablarme
te he seguido escuchando
en el despertar de los pájaros,
en la lluvia, en los suspiros del mar
y en todas las calles que te amaron.
Me enseñaste que al corazón
hay que alimentarlo de versos,
de lealtad y del amor más generoso,
el que tiene los más hermosos colores;
que era necesario atrapar palomas
en los desaires del tiempo,
cuando revientan y duelen
todas las penas del crepúsculo.
Los recuerdos más lindos y los otros,
los pisados de polvo,
todavía alimentan los ríos del corazón
y te sigo abrazando
en los miedos y en la muerte.
Padre, ojos de sur y mar,
ya pasaron las inundaciones,
el tirano que odió tu pluma, ya no existe
y en los árboles que plantaste,
no han dejado de crecer ramas.

LOS QUE SE FUERON

Todas las ciudades tienen sombras y fantasmas,
vientos de ojos tristes
que dejaron los que se fueron
huyendo a la tormenta y los demonios.
En esos días funestos
las penas tuvieron gritos de agua salada.
Septiembre no llegó con volantines,
y un ciclón arrasó los sueños y la cordura.
Por eso muchos se fueron
sin volver a ver las sirenas
que aparecen por el puerto los domingos.
No recogieron las redes
ni volvieron a mirarse
en el espejo de nácar de los corales.
Tampoco volvieron a ver
la marcha quejosa de los bueyes
que arrastran los botes por la arena,
ni cuando el mar se enojó de verdad,
asesinando e inundando toda la noche.

LA MISMA LUNA

Siempre sabemos quién nos ama,
porque nosotros mismos elegimos esos ojos.
Pero es necesario entender
por qué amamos
y gritarlo todos los días,
para que las noches no se repitan,
y no se pierdan las caricias
en todos los sueños que faltan.
Hay que escuchar la música del amor
en los poros de la piel,
cuando las manos juegan a morirse
y los sentidos resbalan.
No podemos esconder la memoria
en las calles oscuras del alma
cuando torturan los recuerdos.
Hay que encender la verdad en un brasero de cobre,
para derretir las penas, las dudas,
los silencios, las iras y los desacuerdos.
Hay que pintar el rostro de la luna,
el que tiene más luz,
en todas las caras del corazón.
¿Tendremos siempre nosotros la misma luna?

EL TREN DE NERUDA

Hay trenes viejos, en el sur de Chile,
que tienen memoria
y guardan el bullicio y el aire
de todos los sitios que pisaron.
Sobrevivientes de acero,
se quedaron dormidos
sin fuerzas para llorar,
con los cristales rotos,
en las últimas esquinas
de las huellas zigzagueantes de los cerros.
En uno de ellos,
en los últimos ramales de Temuco,
vive un hombre extraño
que conoce las palabras más encendidas,
las más bellas entre acentos y nostalgias.
Las guarda celosamente, para conjurar los sueños,
y todos los recuerdos manchados de sangre.
A veces, reniega y llora,
porque le quemaron los días, las ideas y los poemas.
Tiene vientos de otras tardes en el pelo,
cartas de amor en los ojos,
peces con luces en las manos...
Cuando la noche se alumbra de luna llena,
Pablo usurpa el silencio
en el tren de su padre, y recita.

EL OTRO OCÉANO

Los suspiros del mar llegan, a veces,
con los lamentos del viento en la ventana.
Y tratamos de abrazar inútilmente esas olas
para rescatar los sueños y los hombres
que no pudieron cruzar el horizonte
con los ojos llenos de pena.
Vivir pensando el mar del otro océano
es perseguir las sombras del aire,
las nubes violetas de la tarde,
los barcos fantasmas que agonizan en la playa,
el olor a yodo y a sal
y en las estrellas que se clavan
mas allá del horizonte.
Pensar en el sur es sentir ausencias
que aletean entre las manos.
Todos los días llueven nostalgias
y van pasando los años,
sin poder tachar los recuerdos del alma.
Ojalá que podamos regresar, amor,
antes de que empiece
el ritual del abandono
y me pueda llevar al otro océano
todas nuestras horas de amor,
las noches perturbadas de caricias,
tu corazón de nácar,
el sigilo de tus manos suaves,
la risa contagiosa,
el perfume de toda tu ropa,
los besos de tu boca roja.
Por ahora, quédate a mi lado, duerme conmigo,
para soñar juntos el mar del otro océano
y que la estrella más brillante
nos caiga encima desde el infinito.
Todavía no amanece en Estocolmo.

DIA DE SAN VALENTÍN

No me sirven las hojas del almanaque
para acordarme que te quiero.
No es necesario esperar los desacuerdos
para tener ganas de vivir contigo.
Para decirte que eres dulce e intensamente mía;
que tienes racimos de uvas en los ojos,
flores de almendros en el pelo,
y que tu piel canela huele a flores
con sabor a miel.
A tu lado es fácil construir sueños,
sentarnos al sol, mirando el mar,
y volar más arriba que las gaviotas,
al otro océano
que todavía nos espera.
Construimos una casa con muros de luceros
y colgamos mariposas verdes en las puertas y ventanas,
para que nunca nos faltara el aire,
ni el aroma de los jazmines y las rosas.
Y este hogar lo ha resistido todo,
las inundaciones, el frío, la nieve,
el exilio, las iras y el barro,
porque todos los días, al despertar,
me dices con un beso que me amas.
¿Qué importa entonces, un día catorce de febrero?

CUANDO LLEGA TARDE

No tenemos fármacos para el amor,
porque la vida nos escribe
páginas distintas.
Navegamos con secretos de luz
y encendemos la lámpara del corazón
con rumbos errados en la brújula.
Buscamos amuletos con alas de mariposas,
en contra de los fracasos
y las predicciones futuras.
Pero no podemos impedir los días grises,
cuando duelen los recuerdos y la ausencia.
El amor aparece como una sombra celeste,
y se va,
a menudo, con dolor y lágrimas,
con el miedo en los ojos,
con una terca soledad.
Y nos quedamos solos, al otro lado del mar,
esperando las caricias que nos faltan.
Pero, como no hay remedios para el amor,
debemos creer, al final,
que vuelve siempre de repente,
como los árboles
cuando resucitan del invierno
para ahogarnos la vida,
en el color de otros ojos profundamente tiernos.
Por eso llega ruidoso, efusivo, distinto,
riendo más fuerte para despertar al cielo
y escribirnos otra historia parecida,
aunque a veces, demasiado tarde.

CON BESOS PRESTADOS

¿Tendrá el amor la suficiente nobleza
para no olvidarse de los amantes?
A veces, se duerme indiferente, al lado del corazón,
cuando hay secretos en los espejos
y se prenden culpas en el alma.
La luna entra por otra ventana,
y desnuda sus rayos de luz en otra casa.
Los amantes viven con besos prestados,
el anillo de sus dedos es una farsa,
y para ellos sólo existe el instante,
la cita escondida, un frenético deseo que saciar,
en otro pacto enloquecido de amor.
Por eso otros recuerdos los asaltan,
tienen ausencias tristes en los ojos,
viven extraviados en el desierto,
atados a un espejismo y mienten.
Sólo ellos pueden soñar los sueños ajenos,
con el olor a flores de otro cuarto
y con el cuerpo tibio bajo otro cobijo.
Y el corazón, que no es nunca de ella ni de él,
que habla y promete
un amor más limpio y generoso,
como la nieve que se vuelve río.
¿No les habrá mentido el corazón?
Porque ahora mismo se ha ido
con besos prestados
por la otra calle, donde hace menos frío.

ARREPENTIDO DE PERDERTE

En las despedidas siempre llueve,
porque los ojos, de repente,
se llenan de barro,
de paisajes helados,
de calles oscuras y solas.
Hay cartas con humedad y frío,
cansancios y excusas infinitas,
ocultos remordimientos,
treguas necesarias al alba,
tristes y dolorosas derrotas.
Y los mismos que se amaron
con todos los trajes del amor
se culpan mutuamente de no verse,
de largas soledades,
en los mismos sitios,
de miles de días de sol sin abrazarse.
Los sueños que se fueron tejiendo
como una arpillera,
se rompieron como un espejo,
se quemaron en la chimenea,
y el corazón duele, molesta en el pecho.
La pena se niega a encender la noche
y las pesadillas son más profundas.
Nos quedamos en el puente colgante del corazón,
solos, como los árboles,
escuchando pasos y murmullos,
puertas que no se abren
y voces que no nos llaman.
Nos sentamos en la estación del tiempo
para esperar los trenes
que no viajan a ninguna parte.
Delirando recuerdos,
entendiendo los errores,
arrepentido de perderla.

CANDADOS EN EL PUENTE

El amor aparece como un río generoso
de agua pura y cristalina, cuando menos se espera.
Nos prende fogatas en los ojos
y arrastra días de sol e insomnios azules.
Llega con punzadas extrañas, con caricias tímidas,
con la piel intensamente encendida,
para que no se pierdan los besos.
El amor sabe enredar las sombras de la noche
cuando anidamos el deseo entre las manos
y sentimos el corazón embriagado, las bocas delirantes,
los labios violentos,
mariposas bailando dentro del vientre.
Pero nunca es suficiente, siempre quedamos en poco,
y aunque la luz del alba nos despierte abrazados,
el corazón, que es frágil, se enferma y duele.
Es fácil confundir los sueños y los nombres,
en la rutina de dormir siempre juntos,
bajo una misma luz y amarnos demasiado.
Nos equivocamos... ¿O es que nunca nos quisimos?
Hasta los vientos más tibios se vuelven huracanes
y nos derriban la puerta para congelarnos el alma.
No podemos, entonces, poner un candado en el puente
y tirar la llave al río para amarnos por siempre.

AMAMOS EL AMOR

El amor siempre nos busca,
pero también inventa excusas
e incertidumbres,
como las gaviotas,
que cuando presienten la ira del mar,
se quedan en la orilla
esperando que las olas se rompan.
Sabe construir sueños, y a veces,
nos dibuja la pasión con colores de exceso.
Tiene la cualidad, entre otras cosas,
de iluminar todas las sombras,
los besos tienen un mismo nombre,
la noche es siempre un farol
y los días
nos llenan el alma de fuegos artificiales.
En los ojos, el cielo siempre es azul,
y los paisajes nos dan vértigos
cuando la luna nos muestra
sus largas trenzas de plata.
Por eso amamos el amor,
el que duele y trasnocha,
el que nos pinta el corazón de color violeta,
el que resbala de una vertiente,
el que nos deja marcados para siempre,
aunque se vaya de noche,
siempre ocurre lo mismo.

AL FINAL

Cuando me haya ido, irremediablemente,
en el último viaje
de mi propio calendario,
dejaré mis sueños, los libros y otros versos,
escondidos en la luna
que pintamos en el patio...
A ver si los encuentran
los que vienen rezagados:
Mis hijos y sus hijos,
los amigos más leales,
los que aman el lenguaje de los pájaros y las flores,
aquellos que aprendieron a respetar el amor.
Tal vez, mis poemas, en otros ojos,
vuelvan a enamorarse del aire,
y aprendan definitivamente, a volar.

VOLAR SIN ALAS

¿Será posible escoger los sueños
y llegar de noche hasta tus ojos?
¿Será posible poder acariciarte con el alma,
beber los racimos de tu piel
y despoblar de olvidos la mirada?
¿Será posible, amor,
inventarnos las palabras
y romper el silencio y las distancias?
Hay recuerdos que hieren el corazón,
nos abrazan de viejos retratos,
de días amargos,
de una necesidad urgente del sur
que no se puede saciar.
Una inmensidad azul
nos ha pausado el amor
y no sé qué hacer con el insomnio,
con los resentimientos del alma,
con las ganas de volver,
con los brindis en la mesa,
que se quedaron esperando, al otro lado del mar.
Sólo quisiera tener alas y poder volar.
Dime, amor, ¿Cuándo vuelves?
¿Llueve también en tu ventana, allá tan lejos?

SI HUBIESES NACIDO

Si hubieses nacido amapola,
con ojos de cielo
y risa pura como el agua,
habría inventado una alfombra de girasoles
en los rasgos desconocidos de tu cara
e iría de tu mano
sin absurdos rencores,
con el polen de mi alma en tu mirada.
Te habría amado
con locura irreverente,
sin olvidos ni distancias irreparables
y en el éxtasis de llamarte hija
bailarían mariposas en tu pelo.
Habrías sido silencio roto de cada día,
rio impetuoso de mis ternuras retenidas,
espejo de todos los días
y último suspiro de las dudas.
Habrías desterrado la tristeza como un milagro
y el invierno se habría escondido.
En el mar del sur
volverían a navegar los sueños
y llegaríamos al sol de la mano,
en un barco de delfines.
Si hubieses vivido, flor marchita,
habríamos nacido juntos
y en una vieja canción de cuna
dormirían los fracasos y las penas.
Y es cierto,
te habría amado más que a ella.

¿QUÉ PASA CONTIGO?

¿Qué pasa contigo?
¿Por qué siembras las penas,
y destellan tus ojos?
Vives hablando a solas,
mirando por la ventana
y te duele de verdad el alma
como la carne desgarrada.
Te ocultas en los rincones
para profanar las sombras
y beber de nuevo las caricias que te faltan.
Te has quedado sola
a la orilla del abismo,
esperando la boca que te mordía el corazón.
Has extraviado el amor
que te inundaba de polen,
el que enciende mirlos,
el que vive en el rumor de la luz
y se duerme en un manantial de flores.
¿Qué va a pasar contigo
si ya nadie te regalará
el aire azul de la primavera?
Voy a rogar al cielo, al menos,
que te nazca en el vientre un arco iris
que se venga bailando
y que se duerma en tus ojos,
para que no sientas frío.

LOS OJOS DELATAN

Es necesario amar las pinceladas de los ojos,
los detalles de su luz,
las palabras que no tienen voz,
sus puertas, que son espejos.
Algunos tienen la acuarela de las olas quietas
y brillan siempre
como la cola encendida de una estrella fugaz.
Tienen la luz de las gaviotas,
huelen a todas las flores
y acarician el corazón con una sola mirada.
Pero hay otros ciegos al amor,
con nieblas,
con ausencias tristes,
torturados,
pisoteados,
llenos de odio...
Y que nunca han dejado de llorar.
¿Por qué los ojos necesitan amor para alumbrarse?

TELARAÑAS

Hay días que despertamos envenenados,
cuando las arañas del corazón
se han amado intensamente toda la noche
en la misma telaraña.
Nos han mordido los labios
con sus colmillos más afilados
y se han bebido toda la miel
que encontraron en los poros.
Al alba, vuelven a picarnos,
para clavar en la sangre
una pócima más dulce
y tejer otra telaraña,
para bordar tus ojos de flores.

VALPARAÍSO, TE AMO

Te miro desde la proa de mi barco viejo,
con vértigos de olas en el alma,
buscando los ojos de la luz
que corre roja y amarilla,
pervertida,
hacia el muelle Prat.
Y como cada tarde,
cuando regreso del mar
invicto de las fiebres y los temporales,
siento que los demonios del viento se elevan,
se esconden mar adentro
huyendo de las gaviotas plateadas.
Guardo los miedos en los canastos,
entre los peces que saltan, agonizando,
y rezo.
Mientras bailan las ráfagas de luces
de una acuarela que baja desde los cerros,
haciendo señales,
levantando las manos desde la bahía.
La luna se asoma sigilosa,
para volver a ocultarse
en las puertas prohibidas del amor,
donde fermentan los vinos marineros.
El corazón se tiende a la orilla de la playa
para mirar hacia el cielo
y gritarle a los cerros
donde viven las nubes:
¡Valparaíso, te amo!

SIN PODER PERDONAR

Al final, todos regresaron.
Pero algunos no pudieron convivir
con los fantasmas de la muerte,
las eternas pesadillas de septiembre
y los mismos sicarios en todas las esquinas.
Volvieron a desfilar por la Alameda
con sangre en las banderas
y las mismas rejas de antaño
incrustadas en el corazón.
Volvieron, pero no pudieron perdonar.
Es que vieron demasiadas cosas:
Padres y hermanos asesinados,
hijas y esposas violadas,
manos cortadas,
hombres aterrorizados,
lanzados vivos al mar,
torturas, desaparecidos y exiliados.
Seres humanos reventados contra el destino
que siguen doliendo
en la puerta del corazón.
Por eso no pueden perdonar.

SE APAGÓ LA LUZ

Nos quedamos merodeando
al lado del corazón,
en una torpe insistencia
por volver a arrancarle sus latidos.
Nos gastamos los sueños
cuando llegaron las excusas
y se apagó la luz del alma,
porque no sirvió el amor.
Creíamos que la flama del deseo
era un pedazo de sol
y abusamos del amor
hasta quemarnos la piel.
¿Nos amamos demasiado?
¿Después de todo, para qué?
Al final,
nos quedamos sin nosotros,
con la luz apagada,
desencontrados,
con aguijones en las dudas,
sin rastros de que algún día
realmente nos amamos.
Nos duelen los recuerdos
cuando entra lluvia desde la calle
y nos moja la cara
para dejar nuestro amor dolido,
postrado al viento y agonizando,
sin nada de luz para respirar.
¡Corazón, déjame llorar!

POR ESO TE AMO

El día va deshojando margaritas en la mirada,
cuando encontramos el amor.
Los pétalos, de uno en uno,
que van resbalando de tus ojos,
inundan de aceite de linaza el corazón
para pintar un óleo alfombrado de luz.
Entonces las sombras se enredan,
escondidas para acariciarse,
y me dibujan la piel inexplicablemente,
para bordar los sueños contigo.
La noche retrocede asustada,
porque estallan luces fosforescentes
y los pétalos de las margaritas
inundan la almohada de tu pelo.
Por eso anidamos mariposas en las manos,
que se roban el polen que nos sobra,
mientras nosotros, sedientos de amor,
nos bebemos todos los secretos que nos faltan.
La luz del alba nos despierta abrazados,
cuando empiezan a madurar
las luciérnagas en tu vientre.
Por eso te amo.

OLAS QUIETAS

Vienen días de olas quietas, tibias,
de las que bajan del cielo.
De esas que arrastran mar adentro
las sequías del amor;
las que tienen voz de aire
y cantan cuando los peces bailan.
Las que ahogan
los barcos de soledad
que navegan en los ojos.
Las que lavan las sombras del alma
y sanan el corazón
con espejos de sal.
La lluvia va a inventar excusas
cuando llegues, amor,
a cambiarlo todo.

NINGÚN DÍA ES IGUAL A OTRO

Se quedó tu boca llena de amor
y no llegaron los besos que esperabas
porque nadie conoce hasta ahora
los lugares precisos de tu piel.
Tu querías una rosa roja,
pero sólo te dieron noches furtivas,
esas que confunden el amor
con los ojos abiertos
cuando nunca amanece.
Te has quedado tantas veces sola,
atisbando por la ventana,
abrigando con el pañuelo
el corazón que te duele.
Las penas te muerden el alma
cuando inventas caricias
que nunca llegan.
Y tienes miedo a quedarte sola,
a romper el medallón
que te cuelgas al cuello
y a enterrar los amuletos
que nunca te dieron suerte.
Pero ningún día es igual a otro,
hay secretos de luz en el horizonte
para tí y para todos,
tibios suspiros al alba,
otras caricias con olor a rosas.
Imagina una nueva historia para tu vida,
y cree en ella.
Ningún día es igual a otro.
El amor está esperando en la otra esquina.

NADA ES PARA SIEMPRE

Ningún amor es para siempre
si queda prisionero en otros ojos.
Y aunque nunca lo decimos,
la mirada nos delata.
Cuando escondemos la boca
y colgamos las manos,
para no dejar en ella más huellas de nosotros.
No queremos acordarnos
del amor de los incendios
del que prende la locura,
cuando las orugas se vuelven mariposas.
Y nos quedamos amando de mentira,
esperando las rutinas,
mientras los muros del cuarto
se nos vienen encima.
Intentamos dormir de nuevo al lado del corazón,
para pedirle una tregua,
pero las puertas no se abren.
Buscamos las sombras con caricias,
pero no hay nadie a nuestro lado para abrazar.
Ningún amor es para siempre
si queda prisionero en otros ojos.

MI NIÑA

Mi niña ya no baila junto al mar,
queriendo imitar las gaviotas.
No dibuja el sol por donde pasa,
ni recoge estrellas de mar
para adornarse los ojos.
Los reflejos de la luz
no le cuentan historias al oído
ni la besan.
Pero tiene figuras de papel maché
escondidas en el vestido,
corazones y flechas,
eclipses y mariposas.
Olvidó las rosas blancas
del jardín de la escuela
que ella misma regaba
y guardó los libros.
Se vistió de plumas
para perder el miedo a volar
y se hizo mujer.
Cuando la luna, que tanto la amaba,
bajó a dormirse celosa
en los naranjos.
Ahora sólo lee cuentos
a su vientre florecido.

EXTRAÑOS

Te he visto ayer y ha sido triste,
había frío y rencor en tu mirada.
Nos cruzamos los ojos sin decirnos nada,
como esos amantes arrepentidos
que han quemado inútilmente
los amores y los días para olvidarse.
Pero nosotros nos amamos con exceso,
anidamos una bandada de sueños
e inventamos otros besos
en la boca del corazón por mucho tiempo.
Escribí versos en tu cuerpo
y aprendimos a volar
en las noches sin nubes,
para soñar con los hijos.
Al final,
las caricias se enfriaron en los rincones,
cuando a mis ojos llegaron pájaros
desde otro mar,
y la oscuridad, de repente, nos devoró
todo el sol que nos quedaba.
Se esfumaron los sueños
y vinieron las excusas,
los remordimientos y las dudas.
¿O es que todavía me culpas?
Te he vuelto a ver y ha sido triste,
nos miramos de reojo como dos extraños
y no dijimos nada.

MAMÁ: AMOR ETERNO

El reloj nos va apagando la luz del alma,
cuando en estos países ajenos
nos volvemos egoístas y distantes.
Los sueños de la niñez
se van cayendo del corazón y la olvidamos.
No queremos vivir otra vez
bajo el árbol del viento
en civilizaciones anteriores,
con los mismos espejos,
sobre los barcos que naufragaron.
¡Y la olvidamos!
Pero llegan de repente los tropiezos,
las pesadillas, los vendavales;
y te llamo, mamá,
con los ojos cerrados,
para que vuelvas sigilosa
a espantar los miedos
y mitigar mis fracasos.
Te veo allí, en la infancia lejana,
buscando las huellas de todos,
tejiendo copihues de la nada.
Y en mis sueños limpios
dibujo tus ojos para sanar mis heridas.
Y me aferro a tus manos,
que son nubes de alas,
para cruzar corriendo
los horizontes más distantes.
Subo al cometa de los niños,
con gorriones en los bolsillos,
para quedarme a tu lado
en ese mundo maravilloso de los cuentos.
Vuelvo a los bosques milenarios de mi tierra,
me subo a una carreta con mapuches
y te busco, mamá,
en la sombra de los robles,
en los trigales, bajo los sauces,

en los últimos reflejos
de la luna del sur.
Y me duele tu ausencia
como un paisaje de nieve
en el silencio más triste.
Te extraño entonces, mamá,
para romper mis días nostálgicos
y sentir que tus ojos,
transparentes de bondad,
están en todas partes.
Y sueño volver a encontrarte
en el camino más viejo,
para sentarnos a la orilla del cansancio
y en un abrazo eterno, mamá,
llevarte mis besos olvidados.

LOS ESPEJOS

Los espejos guardan el tiempo
y todos los rostros posibles.
Por sus orillas de luz
duermen los ojos tristes de los recuerdos
y los besos que se perdieron
en los aleteos del tiempo.
Al otro lado, contra la pared,
se guardan los amores verdaderos,
los que no tuvieron miedo, ni ataduras.
con el color y el perfume de las lilas,
para sentir las caricias de los astros.
Cuando se quiebran,
caen retratos y hojas,
sombras, insomnios y lágrimas.
Volvemos a colgar otro,
para seguir viendo lo que queremos ver.
Pero ignoramos el murmullo del aire,
la risa de los niños que pasan,
la jaula con pájaros,
el canto enamorado de Alfonsina,
que se durmió para siempre en el mar.
Vivimos demasiado apurados,
somos ególatras y tangibles
y cerramos los ojos para no creer
lo que no podemos ver, ni tocar
Esa belleza del alma,
que solamente se siente,
en el espejo maravilloso del corazón.

HACE FRÍO SIN TI

Han pasado vientos suaves y borrascas
y todavía te extraño.
El amor se quedó paralizado,
fijo en tus ojos,
inundando sin agua mis días.
Siento que me duele el alma de no verte,
desde ayer que te fuiste
hay frío y nieve hasta en la música.
Hace frío sin ti
y el corazón sin tus besos me reclama en el pecho.
Las noches retroceden
y se quedan en nuestro cuarto,
como reflejos falsos de un lago congelado,
llenas de voces y retratos
que se acuerdan de ti.
¿Cómo puedo decirte, entonces,
que te amo y te necesito,
si no puedo tocarte?
La vida se confunde, amor,
y las sombras molestan cuando no vienes
y no llegan tus cartas.
Hace mucho frío sin ti.

LA MUJER QUE QUIERO MIRAR

Cuando duermes,
eres la única mujer que yo quiero mirar.
Un suspiro de candil
te besa suavemente la boca.
Tu pelo largo azabache
se enreda en mis ojos
e invento turquesas y perlas
para adornar tu cara.
Nos abrazamos, amor, sin decir nada,
cuando quema la piel entre las manos
y liberamos el corazón
para poder atraparlo después
encima de nosotros.
Cuando llegan las dunas,
arrastradas por el oleaje hasta la playa,
nos quedamos soñando con el mar azul,
sumergidos en el agua más templada.
Y cuando despiertas,
todavía eres la única mujer
que yo quiero mirar.

¿HABRÁ UNA NUEVA VEZ?

¿Por qué cuando perdemos
volvemos siempre a arriesgarnos?
Inventamos olas en la noche
para bañarnos desnudos
y nos mentimos historias
para volver a tocarnos.
El corazón no quiere dejar de latir,
medita,
abraza otros sueños y habla.
Nos dice que el amor, aunque sea tarde,
viene para llevárselo todo,
hasta los fracasos,
que puede secuestrar las almas,
llenarnos de olvido
y hacernos volar por todo el universo.
No conoce el miedo y la tristeza
y hasta puede alumbrar, como un faro,
los días más inciertos.
La voz del amor
sería, entonces,
un soneto de olas tranquilas;
una muralla de mar,
para contener las penas,
las iras,
y los desvaríos.
Nos dice que los nuevos amores
siempre vienen más limpios
y generosos.
como el río nevado
que se duerme en el mar.
¿Será verdad?

¿Habrá una nueva vez?
Este corazón mío es mala hierba
y miente.
¡Te sigue amando con locura!
Sólo quiere volver a morder
las flores de tu blusa
y entrar a tu corazón por los ojales.

AMOR PROHIBIDO

Ella esconde los sueños
en una cesta de culpas.
Muerde los recuerdos más urgentes
y se averguenza.
Bebe las equivocaciones,
cuando baja una tristeza desolada
que le hace trizas el alma.
Ya no tiene fuerzas,
porque el amor prohibido devoró su corazón.
Con lo que le queda,
sólo lo busca a él,
que le dio el amor que salpica deseos,
el amor de hogueras,
el que viste de insomnios las caricias
y los besos,
el que le dio luz, el aire y hasta los ojos.
Por eso quiere volver a tenerlo,
para resbalar su piel entre las manos,
abrazados,
cómplices de un destino violento.
Llora, abandonada,
locamente enamorada de un amor casado.

ESTOCOLMO

El lago congelado, por la tarde,
tiene una música lejana de pianos y violines,
arpegios y acordes de luz,
abrazados al viento helado,
que corre a buscar azul, hacia el mar.
Los peces
extrañan el aletear de los pájaros,
que no han vuelto a la Ciudad Vieja.
Pero como ocurre siempre en invierno,
cuando el lago se muestra
aparecen barcos fantasmas vikingos
que vienen de la isla de Birka,
para mirar al cielo, la aguja dorada
del Palacio de la Reina.
La vida queda varada en el lago Mälaren,
hasta que el sol vuelve a besar a Estocolmo.

MERCORION
STOCKHOLM

EL HOMBRE DE LA LUZ

Nació con trinos de pájaros en las manos
y eligió vivir como ellos, libre,
sobre las rocas más altas,
mirando el mar,
para esculpirlas con todos los sueños.
Hizo rodar nubes y vientos nuevos
con palabras generosas
y verbos encendidos.
Y a la sombra de su luz almendrada
llegaron todos los aires
que querían liberarse
con los puños apretados.
Pero otros designios lo aguardaban
cuando un día fatal de septiembre
el odio se colgó de la locura
y aparecieron los demonios con sus garras.
Se olvidaron los nombres y el amor.
Y el mar de Chile se desbordó llorando
de miedos y tristezas.
Los piratas de uniforme
tenían armas con sangre seca,
aves de rapiña,
chacales con fauces monstruosas
y disecaron los ojos de los sueños
para siempre.
Con las palabras finales
y valientes,
con los ojos tocando el desastre,
el hombre de la luz, Salvador Allende,
eligió morir para seguir viviendo.
Y no pudo ver
el resto del genocidio
ni la caravana de gorilas
que entregó los prisioneros a la muerte.
El hombre de la luz
se durmió para siempre
sin ver los traidores
ni a quienes lo olvidaron.

Sin saberlo, hizo rodar canciones
y dejó su corazón tendido, como una alfombra,
por todas partes.

DE LA MANO... HASTA EL FINAL

Encendemos tantos besos y caricias
sin darnos cuenta,
que los vientos tiránicos del tiempo
nos amenazan
con limpiar la memoria
y amordazarnos el corazón.
Se nos viene encima la vida,
con sus tristes rumores y rutinas,
y nos humedece los ojos.
Nos va quitando la luz,
y no podemos respirar.
Se nos rompe todo lo útil y racional
y nos quedamos solos, los dos,
tomados de la mano,
mirando el viejo reloj de arena,
para no olvidarnos del aroma del mar.
Los recuerdos tienen murmullos de agua
con pinceladas de algas azules
que puedo leer en tus ojos
y a esos recuerdos no les gusta la soledad.
Por eso nos hemos amado
hasta cansarnos,
sin creer en la muerte,
que araña los huesos,
aunque se nos haya oxidado con los años
un poquito el corazón.
El sol pintó azucenas
y racimos de linneas
en todos los rincones de nuestra casa
y nos golpeó el tiempo,
cuando se fueron los hijos.
A lo mejor es eso lo que todavía duele.
¿O es que olvidé decirte que te amo?

CUANDO LOS HIJOS SE VAN

Cuando los hijos crecen y se van
nos subimos al techo de la casa
o al árbol mas alto
que plantamos en el patio,
para avisar los peligros
y evitarles los tropiezos.
Queremos volver a colgar en la cocina
los almanaques más viejos
y atrasar todos los relojes,
para volverlos a abrazar,
en los primeros cuentos de la infancia.
Nos sangra el corazón
cuando vuelan como los pájaros, muy lejos,
como huyendo del frío
y de nosotros.
Intentamos vestirlos con trajes impermeables,
caparazones de tortugas,
para que nunca sientan dolor
cuando lleguen las muecas tristes
del desamor y los fracasos.
Nos apenan los días gastados,
cuando crecen de repente.
Es que los hijos
tampoco pueden evitar las predicciones
de las brujas
y escapan de nuestra sombra
para buscar las líneas azules del amor
al otro lado del mar.
Y nos damos cuenta, en esos días,
que no supimos ser mejores,
cuando aprendimos a amarlos
entre caídas y desencuentros.
Y duele cuando los dejamos solos
y nos dejan solos.

No entendemos que los hijos
tienen sueños distintos,
otros caminos,
más esperanzas,
ardillas y linces en el alma.
Pero en el jardín de la casa y en el corazón
crecen otra vez flores amarillas,
nos lloran los ojos de orgullo
cuando los hijos, finalmente,
aprenden a caminar por las calles limpias,
con un libro de bondad
en los bolsillos,
respetando siempre el amor.

AMIGA

Siempre aparezco
abrazando tu sombra,
cuando te duelen demasiado
la soledad y los fracasos.
Me has mojado los ojos tantas veces
con la niebla constante de tu alma,
que parecen mías tus tristezas,
y el desamor.
He sido espectador de primera fila
cuando te han mordido el corazón
y has quedado agonizando,
llorando y desnuda,
sin ganas de dibujar otro amor.
Me he pasado la mitad de mi vida
espantando tus fantasmas a manotazos,
para que vuelvas a empezar.
He sido una puerta sin cerrojos
para escucharte renegar
y he pintado tus penas
con azules y hojas.
He despertado el sol
cuando te han dado ganas
de abrazar el mar
otra vez, enamorada.
Pero yo sé, amiga,
que nadie te va a dar
ese amor que tanto buscas.
El deseo que trastorna,
el tacto que devora.
Nadie va a llenar
tu cuerpo de tatuajes. Nadie.
¿Por qué tus ojos no me miran...?

ROSA DE LOS VIENTOS

De vez en cuando
se abren adrede
las ventanas del corazón,
para buscar
los escondites utópicos
de la niñez.
En el desordenado vaivén
de los sueños,
antes de crecer,
había más inocencia que frío.
Por eso los recuerdos
huelen, todavía,
a orillas de mar,
ciruelas y uvas,
a yerba mate de la abuela.
Habían, entonces, amuletos
con garras de palomas
para las predicciones futuras;
crucifijos y cometas
en contra de las brujas,
comparsas de estrellas,
para alumbrar
la cordura y el amor.
Las calles de la infancia
siguen guardando la voz de los pájaros
y los fantasmas
de todos los que se fueron.
Aunque el aire no ha respetado
los recuerdos,
que fueron cayendo desde lo alto,
Y se apagaron los luceros de los ojos
que hablaban con el sol.
Quisimos crecer, navegar
y atrapar con las manos
la Osa Mayor,

Pero La rosa de los vientos
eligió otras corrientes
para nosotros
por los horizontes curvos del mar.
Y nos ahogamos.

LOS MÁS PEQUEÑOS

Los niños pequeños
siempre dibujan un sol diferente.
Por todas partes
van inventando duendes y pájaros
en un jardín que bosteza
sembrando flores en el alma
para despertar el cielo.
Nacen para abrazar la luz
en otros sueños
más limpios y azules.
Traen agua pura y cristalina en los ojos
para limpiar los errores.
conocen las líneas
transparentes del amor,
y no las quieren estropear...
Por eso fabrican fantasías y luces
y nos prenden faroles,
en todos los cuartos del corazón.
Siguen cantando
para salvarnos la prisa
y nos perdonan
los miedos de vivir.
Mientras nosotros,
¡pobres ilusos!,
lo destruimos todo,
ellos quieren caminar
con estrellas en los bolsillos
y dormirse en las nubes.
Los niños saben ocultar las sombras
en una cajita mágica
que tienen en el alma.
Sin saber lo que hacen,
riegan inútilmente,
la tierra que se marchita
para aplacar la inhumana
sequía de amor que nos rodea.
¿Por qué entonces
duermen bajo los puentes?

¿Por qué sufren
el infierno de las dictaduras?
¿Por qué aprenden
el odio y las guerras?
¿Por qué mueren de hambre?

¡POBRE MUÑECA RUBIA!

Te mordieron el alma con sus dientes
Y podaron tus alas con un machete
para que nunca pudieses soñar.
En el lado izquierdo del corazón,
que todavía respira,
sobreviven algunos nombres,
cartas cerradas con olor a flores,
besos rojos,
nubes con trajes antiguos,
barcos veleros que nunca salieron a navegar.
Pero el otro huerto, el derecho,
lo mató una sequía.
Y se quedó sin árboles,
con las venas secas,
desolado.
Atrapado en una esfera de cristal,
Prisionero.
Después de haber vivido demasiado rápido,
planificándolo todo, hasta el amor,
abandonado.
En las fauces de un lago congelado.
¡Te pareces tanto
a esa estatua de piedra
que llora tristezas
a la orilla del mar!
¿Por qué le temes a la oscuridad
si tienes sol en el pelo?
¿Por qué nos amamos con luces
si tus ojos son azules?
¡Pobre muñeca rubia!
Abanico de otoño,
despechada.
Mi amor de los días viernes.

ÁNGEL

Cuando las cuerdas del corazón
se rompen
nos persigue la oscuridad
y una terca soledad
nos abraza de miedo el alma.
Es entonces cuando llega ese ángel,
que imaginario o real,
se va robando
todas las horas de cordura.
Como un fantasma de luces,
aparece de repente,
corre y juega
por todos los rincones de la casa.
Se queda bailando en mis retinas,
me habla despacio y luego calla.
Es un ángel con ojos almendrados,
de pelo largo y boca roja granate,
de risa contagiosa y
largas manos suaves.
Llega hermosa a mi cuarto
cada noche
y cuando quiero besarla
desaparece.
Ordena mis libros y la cama,
se esconde en la cocina,
trepa por las murallas
y escribe versos de amor
en las ventanas.
¡Qué importa que me llamen loco!
Yo no quiero que se vaya.

¡MALDITAS CÉLULAS DEFORMES!

Ya no voy a ocultarme
en los rincones oscuros
para estar solo y contigo.
He guardado el traje de mi pena
en las olas tranquilas
que se esconden
en los bolsillos del alma,
para no volver a llorar.
El destino todos los días
se distrae con nosotros
y es necesario,
como tú decías, liberar el corazón,
sanarlo,
perdonar,
dejarlo buscar,
antes de que eche a correr.
Por eso voy a desterrar al infierno,
los vientos tristes
y las tempestades,
para despertar los recuerdos lindos,
los que hacen reír,
los buenos,
los que encienden, todavía,
el lago transparente
de tus ojos grandes.
El tiempo es una puerta
con cerraduras oxidadas,
que he escuchado abrirse
muchas veces
cuando vienes.
Parece que caes desde una nube,
como una luz imantada,
alumbrando los pasos
del viento alborotado,
que se abraza a los árboles.

Llegas como un lucero travieso,
a espantar los fantasmas grotescos,
los sueños tristes,
los infortunios del amor,
y las mala suerte.
Y no es necesario, entonces,
llorar tu fuga,
adivinar los secretos del silencio
o entender el destino final del vuelo.
¡Ya no importa!
La oscuridad no pudo apagar tus ojos
ni la luz eterna de los recuerdos.
¡Qué linda te ves allí arriba,
sentada en los rayos de la luna!

MOLINOS DE VIENTO

Se van entumeciendo los sueños
cuando duelen en exceso, los recuerdos
y las ganas de volver.
Nos quedamos delirando,
escarbando el pasado,
viendo pasar el amor,
que arrastran los viejos molinos de viento
hacia la curva celeste del mar.
Giran las aspas gigantes, sin piedad,
y se llevan las quejas del alma,
las canciones tristes,
las fotos antiguas,
los paisajes helados
y todas las culpas de querer vivir.
Los molinos de madera noble
viven todavía para contar nuestras historias,
las de hojas y los pájaros,
esas que arañan la vista.
Las nubes los abrazan
para sostener el silencio
y las manos del aire les cierran los ojos
para que no puedan ver
todos los secretos
que molestan en el corazón.
A veces, cuando el amor es transparente,
los molinos de viento
dibujan luces brillantes
y danzan al infinito,
por los cielos más azules.
Otras,
son mensajeros del mal,
porque la oscuridad no puede detener el aire.
Un viento trae tu nombre desde lejos
y otro se lo lleva.

MENDIGOS

En los rincones donde viven,
huele a tabaco y a sombra.
Y una inmensa soledad
les abruma de miedo el alma.
Alguna vez tuvieron un nombre,
luz en las manos
y una historia para contar.
Hay vergüenzas tendidas de culpa
torturando los sueños.
Recuerdos limpios
que algún día fueron hermosos
y conocieron el amor.
Tienen ojos tristes, color de sal,
y un abismo profundo
dibujado en la cara.
Son bufones de circo,
que cayeron del trapecio,
y se rompieron la vida y el corazón
tratando de vivir.
Al final, rendidos, imploran por morir,
para tocar el infinito
con sus manos alargadas.
Pero nadie los ve.

LOS ROBLES

Los ojos del recuerdo de repente se humedecen
y las penas apagan el alma,
aunque haya despertado el verano.
Es cuando los hombres buenos,
esos que te abrazaron en la infancia,
e inventaron los colores
de los árboles y los pájaros,
se quieren ir de viaje,
irremediablemente.
El eco de la tierra ancestral del sur,
emerge entonces del techo de la memoria
y bajan a los ojos hasta que duelen.
Aparecen las higueras de San Juan,
con brujas y serpientes,
los mapuches y sus carretas con bueyes,
adorando a Kalfú, el rey azul,
por el viejo puente del río Cautín.
En mis tierras de Temuco
se habla el idioma del kultrum,
del viento,
del loro choroy y los zorzales,
del barro,
del horizonte de los trigales.
Algunos, todavía,
pueden hablar con la luna,
que se duerme siempre callada,
entre boldos y copihues,
para no despertar los volcanes.

Son voces y lamentos
de trutrucas benditas,
embriagadas de maíz,
de los robles que mueren
exterminados, asesinados,
usurpados, todos los días,
al otro lado del rio Quepe.

SIN TIEMPO PARA VIVIR

Nos cuesta cruzar el aguacero,
cuando el destino
nos hace zancadillas.
Los sueños
cuelgan de un precipicio,
y las sombras
nos hacen muecas.
La vida pesa y trasnocha,
y las hormigas
de ojos negros,
las más inteligentes,
que tratan de llevarse el corazón
a cuestas,
nos tapan los párpados,
piadosas,
para no sentir la agonía.
Y no vemos
que la vida necesita un farol,
el soplo de una luz,
para volver a volar como los pájaros,
que se duermen esperando el sol;
como el mar,
que siempre repite sus olas,
sin desfallecer,
tragándose un poco de tierra
y de tiempo;
de ti, de mí mismo
y de todos nosotros.
Hay que despertar la vida todos los días,
como a una amante,
quererla,
con perdón
y silencio,
con humildad y coraje.
Aunque no puedan tus manos
sostener el amor

que se escapa gritando
entre los dedos.
Abre los postigos del alma,
prende la noche,
busca otra historia propia.
Vuelve a vivir
antes de que el mar
deje de ser azul
y un hongo gigante de fuego,
nos borre para siempre la memoria.

TUS LLAMADAS

Sentirte mía y soñar tus ojos,
saber tus días por un cometa;
cruzar el mundo y rozar tu aliento
en mil caricias de unos minutos.
Me siento tuyo cuando me llamas
y alumbra el sol, aunque anochece.
Espero horas interminables
en el vacío de nuestra casa
y soy esclavo de los relojes,
por la ternura de tus palabras.
Estás distante de mis caricias,
pero te invento las mismas veces.
Vienes bailando con las estrellas
y te desnudas en mis recuerdos.
Sentirte mía y soñar tus ojos
en mil caricias de unos minutos.
No hay tristezas en mi guitarra
si tú contestas a sus acordes.
No hay distancias que duelan, amada mía,
en la dulzura de tus llamadas.

AGONÍA

Las sombras del silencio
bailan a oscuras por la celda
y mis ojos, cansados de penumbras,
buscan una luz inexistente.
Palpo mis piernas y mis brazos,
carentes de calor y de sangre
y hablo a mi corazón agonizante.
Es cierto,
ya no puedo inventar más horas
en los sueños del miedo
ni escribir tu nombre y el mío
en los muros de cemento...
Abrirán la puerta en vano,
arrastrando mis fatigas,
Ya no hay aire y me siento liberado.
Escucho las notas de mi guitarra a lo lejos
y los arpegios dan chispas de luz a mi cerebro.
Y canto, porque los hombres son libres
Solamente cuando cantan.
Me duelen las manos
y me esfuerzo por reír,
entendiendo que me muero.
¿O estoy vivo...?
Me abrazo a los recuerdos
de tu rostro y de tus besos.
y voy muriendo torturado,
sin decirte que te quiero.
Dios, ¿Por qué me has abandonado?

SEQUÍA DE AMOR

Han pasado todos los vientos de la tarde
y mis sueños siguen escribiendo tu nombre.
Las noches se repiten azules,
porque siempre volamos al cielo.
Aunque nos miramos,
a veces en un espejo roto
por estar tan lejos del país que nos hizo.
La tierra se marchita en una triste sequía de amor
y la muerte y el odio
se aprovechan de los miedos de vivir.
La luz de las nubes ha dibujado una virgen
en los cielos de Estocolmo,
para abrazarnos con las manos del aire,
y mojarnos los ojos como un secreto.
Los vientos...
¿Nos borrarán los besos y los deseos?
La sequía...
¿Llegará también a nuestros corazones?
Cuando se apagen las estrellas cualquier día,
y el universo se vuelva oscuro,
quiero quedarme a vivir dentro de un libro,
pero contigo.
Quiero seguir atado a tu cuerpo de canela,
cegado por el tacto de mis manos.